MÚSICA   CULTURA POP   LIFESTYLE   COOKBOOKS
CRIATIVIDADE & IMPACTO SOCIAL

Marcus Rossi
com MARTINA BELOTTO e RENATA GARCIA

O QUE NÃO TE CONTAM SOBRE EMPREENDER

Histórias do evento
que acertou um tiro na Lua.

Copyright © 2021 Martina Belotto, Renata Garcia e Marcus Rossi.

Nenhuma parte desta publicação pode ser reproduzida, armazenada ou transmitida para fins comerciais sem a permissão do editor. Você não precisa pedir nenhuma autorização, no entanto, para compartilhar pequenos trechos ou reproduções das páginas nas suas redes sociais, para divulgar a capa, nem para contar para seus amigos como este livro é incrível (e como somos modestos).

Este livro é o resultado de um trabalho feito com muito amor, diversão e gente finice pelas seguintes pessoas:
Gustavo Guertler (*publisher*), Gabriel de Aguiar Izidoro (coordenação editorial), Germano Weirich (revisão), Celso Orlandin Jr. (projeto gráfico) e Rodolfo Moschen (capa)
Obrigado, amigos.

2021
Todos os direitos desta edição reservados à
Editora Belas Letras Ltda.
Rua Antônio Corsetti, 221 – Bairro Cinquentenário
CEP 95012-080 – Caxias do Sul – RS
www.belasletras.com.br

Dados Internacionais de Catalogação na Fonte (CIP)
Biblioteca Pública Municipal Dr. Demetrio Niederauer
Caxias do Sul, RS

B452q   Belotto, Martina
       O que não te contam sobre empreender: histórias do evento que acertou um tiro na Lua / Martina Belotto, Renata Garcia e Marcus Rossi. - Caxias do Sul, RS: Belas Letras, 2021.
       160 p.

       ISBN: 978-65-5537-061-4

       1. Empreendedorismo. 2. Criatividade. 3. Tecnologia. I. Garcia, Renata. II. Rossi, Marcus. III. Título.

21/12   CDU 65.011.4

Catalogação elaborada por Vanessa Pinent, CRB-10/1297

"Para minhas filhas Helena e Celina, minha esposa Fernanda, meus pais Marta e José Fernando e toda a minha família. Dizem que muito do que nos tornamos na vida depende de quem admiramos. Que sorte a minha ter vocês como fonte de inspiração."

ESTE LIVRO FOI ESCRITO PARA QUE VOCÊ CONHEÇA A BREVE E, DIGAMOS, PECULIAR HISTÓRIA DA GRAMADO SUMMIT, UM DOS MAIORES EVENTOS DE TECNOLOGIA E INOVAÇÃO DO PAÍS, EM DUAS HORAS. SE VOCÊ ESTIVER NO EVENTO, VAI CONSEGUIR LER NOS INTERVALOS, ENQUANTO ESPERA AS PALESTRAS COMEÇAREM – SE NENHUM IMPREVISTO ACONTECER (VOCÊ VAI ENTENDER BEM O QUE QUEREMOS DIZER DURANTE A LEITURA).

DIVIRTA-SE!

SUMÁRIO

- 11   Se beber, vá para Dublin
- 25   Aposte nos devaneios
- 33   Terno não é cartão de visita
- 43   Desça do salto, empreendedor
- 53   A vida é um jogo
- 63   O que acontece atrás dos palcos
- 73   O imprevisto é imprevisível
- 83   Mudança na rota (ou "o avião decolou, mas de repente começou a cair, meu Deus")
- 93   Dormir? Nunca nem vi!
- 103   Cuidado, alerta vermelho!
- 111   Mudar para não falir
- 117   Quando um dólar te faz chorar
- 123   Quando se apagam os holofotes
- 129   Nem tudo são flores
- 139   O que fazer com a tal da concorrência
- 145   Se beber, não convide o Lobo (ou o fim dessa história)
- 153   Coisas que a Gramado Summit nos ensinou para driblar os imprevistos

SE BEBER, VÁ PARA DUBLIN

- *Cheers!*
- Saúde!

A noite fria da cidade de Dublin e o último gole à beira de um bar: depois dali, tudo seria diferente. O sabor de queimado da cevada torrada não maltada e a espuma espessa únicos da cerveja irlandesa Guinness – até um dos muitos slogans dela, "aproveite a escuridão", dava o tom de uma bizarra "comemoração" – marcou o brinde a um fracasso histórico. Mas brindar ao fracasso? Desde quando isso é bom? Então, sente aqui, que a história é longa.

O destino da noite não era difícil, afinal de contas, o que não faltava em Dublin eram pubs para encher a cara. Em cada gole que era tomado naquele bar, existia o gosto da decepção, da derrota e da falta de capacidade de tocar o negócio.

Eles tinham quebrado a empresa.

E decidiram gastar o resto do dinheiro do investidor enchendo a cara.

E é assim que a história toda começa.

Bom, mas vamos começar do começo. A saída do Brasil e a ida a Dublin representavam o sopro ou o fim de um projeto desenvolvido no Sul do Brasil, em Gramado, uma pequena cidade com grande potencial turístico na Serra Gaúcha. Em 2015, a startup Honey Dreams foi criada ali, buscando fomentar ainda mais o turismo. Era focada em oferecer pacotes de lua de mel. Ideia perfeita, não é? Hummmm, diria um investidor. Aí é que você se engana. A ideia era extremamente vendável, foi pensada nos mínimos detalhes: design, *pitch* e modelo de negócio. Porém...

Não existe uma fórmula mágica para uma startup dar certo, mas existe uma receita perfeita para ela dar errado. E aquele jovem Marcus Rossi e seus sócios seguiram ela à risca. Vamos à receita:

RECEITA PARA COMEÇAR UMA STARTUP QUE NASCEU PARA QUEBRAR, testada e aprovada por Marcus Rossi

Qual é a primeira e a mais importante coisa para investir quando você vai montar uma empresa digital?

Uma boa sede física, claro.

O primeiro passo de Marcus e seus sócios foi, claro, procurar uma boa sala. Não podia ser uma sala simples, precisava ser uma sala muito legal, dessas que parecem um parquinho de diversões, como se a gente estivesse no Google. Marcus e os sócios gastaram parte do investimento para alugar uma boa sala.

Depois de gastar tempo e dinheiro com uma sede física para uma empresa digital que você nem testou e nem sabe se vai dar certo, qual seria o próximo passo?

Contratar uma secretária.

Afinal, você se tornará uma pessoa muito importante. Uma startup precisa de uma secretária. Claro. Foi o que eles pensaram. E, depois da sala, a segunda parte do investimento seria dedicada a contratar alguém para atender os telefonemas (quando eles começassem a vir, porque seria um sucesso).

Alugada a sala, contratada a secretária, o que mais faltaria de fundamental?

Esta não precisa de ajuda: invista em decoração, obviamente.

Eles tinham R$ 100 mil de investimento-anjo (esse era um anjo mesmo, como você verá...). Então, nada mais justo que priorizar uma decoração descolada, inspirada nos grandes escritórios de Google e Facebook, com máquinas de café instantâneo. Ah, e claro: um frigobar colorido lotado de energéticos e Budweiser.

Enquanto se preocupavam em criar um ambiente descolado, esqueceram de focar no desenvolvimento do projeto e cometeram um dos maiores erros que qualquer startup em estágio inicial pode cometer: buscar a perfeição e adiar o lançamento do produto ou serviço.

Pensaram cuidadosamente no design de cada um dos elementos da marca. Emplacaram pautas sobre o projeto em diversos veículos de imprensa do Brasil, consultaram as mais diversas frentes, mas esqueceram de validar o projeto com quem é mais importante: o cliente. Foi assim que esqueceram da máxima: feito é melhor do que perfeito.

Nem metade do projeto havia sido desenvolvida e o investimento já havia ido por água abaixo. O clima cool do escritório deu espaço ao ar de fracasso.

No meio desses devaneios, rolando seu Facebook, Marcus foi impactado por um anúncio da Web Summit. Clicou e descobriu que se tratava do maior evento de inovação do mundo, que na época ocorria em Dublin.

Não pensou duas vezes e tirou o celular do bolso:

– Alô, é o Marcus aqui. Sei que ando meio sumido, te devendo uma resposta, mas preciso de um favor teu, hehe.

– Fala, Marcus! Realmente precisamos alinhar algumas coisas, tô preocupado.

– Então... Encontrei uma oportunidade única que pode salvar a Honey, mas preciso de ti pra isso.

– Salvar a Honey? Mas ela recém começou... Não tô entendendo...

– Isso não vem ao caso, cara, fica tranquilo. Achei um grande evento de tecnologia em Dublin, que ajuda startups em estágio inicial a entrarem no mercado. Acho que pode ser a grande chance da Honey, sabe?

– Hum... Onde entro nisso?

– Atualmente, não temos mais caixa pra pagar o ticket do evento, nem as passagens. É uma oportunidade única pra qualquer investidor. :(

– Tá querendo dinheiro emprestado?

– Na verdade, pensei em oferecer mais de 2% da Honey em troca de 20 mil para participarmos do evento, o que acha?

O que você diria se um amigo ligasse com essa proposta? O mundo das startups é mesmo para os loucos... Pois é, o investidor disse "sim". E decidiu fazer a viagem junto. Isto mesmo que você está lendo: SIM. Em menos de um dia, o dinheiro caiu na conta e as passagens já estavam compradas.

Todos os dias depois disso foram de intensa preparação para a viagem. Tudo precisava estar alinhado para a grande oportunidade da empresa.

Foram noites viradas em claro para montar o *pitch* perfeito em inglês. Mais de 50 tentativas até a criação da apresentação de slides final. Centenas de cartões de visita em inglês impressos com um layout criativo.

Quando o grande dia da viagem chegou, o *pitch* já estava na ponta da língua, mas Marcus não deixou de repassar cuidadosamente cada uma das frases dentro do avião.

"New channel for distribution of travel packages for couples."

"This is an innovative system, which will allow travel agents and operators to compete with online through online."

Mal terminou as primeiras frases do *pitch* e sentiu um chute na poltrona do avião. Olhou para trás e se deparou com um velhinho com cara de poucos amigos que tentava dormir. Mesmo assim, decidiu continuar.

"It's a great differential of Honey Dreams..."

Sentiu mais um chute:

– SHHHHHHHHHH!

Marcus e seu investidor desceram na capital da Irlanda e se deslumbraram com o que viram. Dublin inteira estava envelopada com as cores e elementos da Web Summit.

Era, definitivamente, um novo mundo para Marcus, o primeiro contato com um grande evento de tecnologia.

Chegando lá, deparou-se com milhares de pessoas que cercavam os pavilhões que sediavam a conferência. Entusiasmado, percorreu alguns metros para fazer seu check-in. Enquanto caminhava em direção à entrada, percebeu certos olhares de reprovação, até ser parado por um segurança.

– *Excuse me, sir? Can I help you?*
– *Hi, all right, I just want to check in.*
– *Ok, so you have to go to the beginning of the line. There are about three blocks behind.*

Eram tantas coisas para olhar que ele não havia percebido o começo da fila. Mas, depois de enfrentar pelo menos uma hora de aglomeração, Marcus entrou no pavilhão principal do evento com seu laptop debaixo do braço e com a certeza de que sua startup era a melhor. Ele estava confiante de que conquistaria o maior investimento e estamparia capas de diversos jornais com a sua história.

Os primeiros dias foram de visitas em estandes, conexões com grandes players do mercado de inovação e muita distribuição dos cartõezinhos. Somente no terceiro dia de feira, a Honey Dreams teria o passe de expositor, ou seja, somente em um dia do evento Marcus poderia utilizar o estande para receber visitantes.

O mais surpreendente da Web Summit era a mescla entre startups em estágio inicial e protagonistas do mundo dos negócios. Logo ao lado do balcão da Honey Dreams, estavam empresas como Facebook, Google, Amazon e Samsung. Obviamente, o dia foi de muitas reuniões e de muitas apresentações do súper *pitch* de Marcus.

No entanto, nem os intensos ensaios do argumento e nem o carisma brasileiro foram suficientes para despertar o interesse dos visitantes. Aos poucos, a dupla foi perdendo a esperança ao entender que havia ideias tão boas ou melhores do que as suas.

Se, antes de ir a Dublin, a empresa não estava em bons lençóis, a participação na Web Summit piorou o cenário. A chance de salvação do negócio havia ido por água abaixo. E aquele dia se encerrou com um grande temporal.

Naquela noite deprimente, de ressaca, o melhor amigo e melhor investidor do mundo teve a grande ideia da viagem.

– Cara, lembra que combinamos de beber uma Guinness quando a gente fechasse algum contrato?

– Tá, então vamos passar sede.

– Não, *bora* brindar o fracasso?

Dito e feito. A chuva passou, e a dupla marcou presença em um dos melhores pubs irlandeses para tomar uma inesquecível Guinness. Na verdade, não uma, mas várias.

A noite acabou muito mais tarde do que Marcus esperava. Eram 3h da manhã quando ele tentava impacientemente encaixar a chave na fechadura do quarto. Foi depois de finalmente entrar no apartamento e se deitar na confortável cama que Marcus teve um insight (ou, para ser mais exato, um lampejo de alto teor alcoólico).

Olhando pro teto, tudo girava, mas os pensamentos iam longe. Desde que havia chegado em Dublin, não tirava da cabeça o questionamento sobre a forma como a capital irlandesa havia se tornado palco do maior evento de tecnologia do planeta. Ali não era o Vale do Silício, mas, mesmo assim, concentrava o mundo todo com um único propósito.

Será que essa ideia não poderia ser replicada em outros lugares? Será que o Brasil não merecia um projeto tão valioso como a Web Summit? Por que não Gramado? E assim, Marcus começou a desenhar cuidadosamente os primeiros passos para a criação do primeiro grande evento de inovação do Brasil. Ali nascia a Gramado Summit.

"EMPREENDER É UM JEITO DE VIVER A VIDA. DÁ PARA EMPREENDER ONDE VOCÊ QUISER, TANTO NO SEU PRÓPRIO CNPJ QUANTO NO CNPJ DOS OUTROS. MANTENHA FIRMES SEUS VALORES, NÃO DESISTA DOS SEUS SONHOS E SEJA SEMPRE POSITIVO. VOCÊ VAI CHEGAR LÁ!"

GERALDO RUFINO

APOSTE NOS DEVANEIOS

De volta ao solo brasileiro, Marcus foi recepcionado por uma onda de mormaço típica do verão de um país tropical. Falido e sem perspectiva de fazer sua brilhante startup pivotar, agarrou-se aos devaneios que teve na noite anterior.

Com o rabo entre as pernas, decidiu apostar em um novo sonho, mas não conseguiria fazê-lo sozinho.

Afinal, quando ninguém mais acredita na gente, a gente recorre a quem? Aos nossos pais. E foi isso que Marcus fez.

Na manhã seguinte, vestiu um traje social e tentou impressionar a própria mãe – empresária do setor turístico e do mercado de eventos.

– Mãe, sei que larguei o processo de sucessão familiar da tua empresa para apostar na minha startup. Sei que muitas coisas deram errado nesse caminho, mas tive uma ideia brilhante... E preciso de um empréstimo para criar uma versão da Web Summit no Brasil.

Conhecendo a mãe, que sabia muito bem separar família de negócios, ele estava preparado para receber um gigante NÃO. Mas foi surpreendido pelo apoio dela.

– Marcus, o momento é bom. Queremos justamente desenvolver um novo evento para a empresa. É uma grande responsabilidade, mas vamos apostar em ti.

Era bom demais para ser verdade. Bom, mas voltando à realidade, como mãe é mãe, empresária é empresária também:

– Tem um detalhe, Marcus: todo o valor que for investido nesse evento precisa retornar ao caixa na mesma edição.

O idealizador mal teve tempo de se sentir feliz. Uma onda de preocupação, ansiedade e medo já lhe invadiu. Desta vez, não dava pra errar de novo.

Ao contrário da experiência que teve com a Honey Dreams, Marcus não contratou uma secretária, nem alugou uma sala luxuosa no centro da cidade. No canto de uma sala deixada de lado, ele tocou grande parte da organização do evento sozinho.

Não focou as energias em decorações do Pinterest ou em máquinas de café descoladas. Desta vez, concentrou-se em fazer contatos, desenvolver parcerias e conquistar os primeiros clientes.

"NÃO SEJA FODA, SEJA HUMANO!"

MARCUS ROSSI

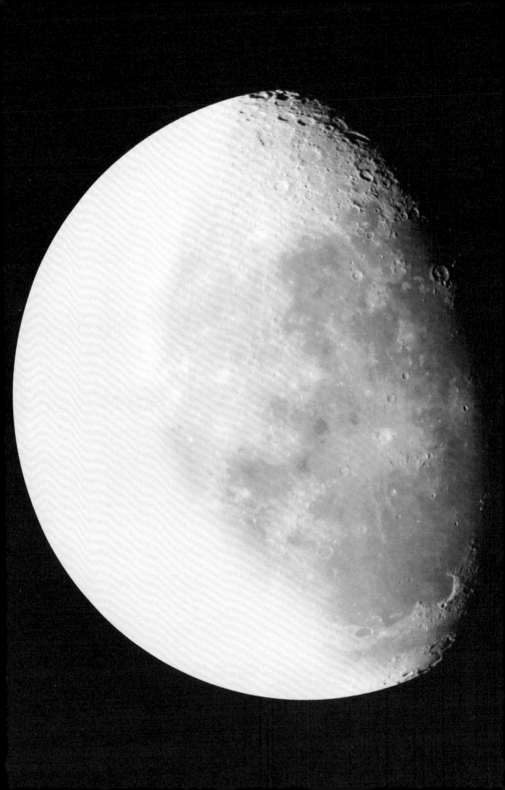

"O SEGREDO-NÃO-TÃO-SECRETO DO SUCESSO: UM POUQUINHO DO QUE É CERTO, TODOS OS DIAS, DURANTE UM TEMPÃO. SERVE PARA EMPREENDER, ENRIQUECER, ENTRAR EM FORMA, TER UM RELACIONAMENTO, QUALQUER COISA. FAZER O CERTO, CONSISTENTEMENTE, COM PACIÊNCIA."

LEANDRO BENINCÁ

TERNO NÃO É CARTÃO DE VISITA

"Como dar nó em gravata" – Google Pesquisar

Porto Alegre, a capital dos gaúchos, também é conhecida como um dos lugares mais quentes do Sul do país. O mês de novembro marca altas temperaturas no estado e, para Marcus, era imprescindível apresentar a Gramado Summit para as pessoas e empresas com a melhor vestimenta possível – terno e gravata.

Após uma longa pesquisa no Google e vídeos no Youtube, descobriu como era possível fazer um nó na gravata.

O suor escorria pelas costas e o sapato social saía do pé (talvez não estivesse com a meia certa). Você já viu um boneco de posto de combustível? Então, era o próprio, em pleno centro de Porto Alegre.

O planejamento de dias não estava dando certo. Durante uma semana, Marcus saiu todos os dias mais cedo do trabalho com a desculpa de que precisava resolver problemas urgentes. O problema urgente: comprar um terno.

Percorreu as melhores lojas de grife de Gramado e Canela em busca de um terno que o fizesse se sentir igual aos personagens de *O Poderoso Chefão*. Quando finalmente encontrou um modelo com cores e corte perfeitos, o resultado foi decepcionante. O motivo: a vida de um baixinho é complicada, especialmente na hora de comprar roupas novas.

E, por incrível que pareça, as lojas de ternos idealizam que todos os homens medem mais de 1,80m e pesam mais de 80 quilos. Marcus definitivamente não cumpria os requisitos desse estereótipo. Na época, a balança não passava de 67 quilos. E, desde os 18 anos, aprendeu a lidar com seus 1,69m de altura (como ele gosta de jogar pra cima, sempre fala que tem 1,70m).

Em todos os momentos de sua vida em que a roupa social era recomendada, Marcus enfrentava a mesma história. A camisa de menor tamanho da seção adulta fechava no pescoço, mas ficava larga o suficiente para se parecer com um pijama. O indicado pelos vendedores era que se dirigisse à seção infantil.

Depois de todo o desafio, um terno razoável estava garantido, mas ainda faltava a famosa gravata. A primeira reunião na capital gaúcha estava marcada para as 10h da manhã, mas Marcus acordou pouco depois das 6h para garantir que tudo estaria impecável.

Após uma sequência de tutoriais no Youtube, o nó na gravata estava dado, e Marcus se dirigiu à casa de sua mãe – também sócia, na época – antes de partirem para Porto Alegre. Dirigiu pouco mais de duas quadras e já sentia o desconforto de vestir algo totalmente fora da sua realidade.

O tênis de skatista habitual dava lugar a um sapato social, mas, afinal, eram exigências protocolares – pelo menos na cabeça de Marcus, que queria impressionar as autoridades a todo custo.

No entanto, nem mesmo as formalidades impediram que o balde de água fria chegasse. Foi neste momento que Marcus aprendeu uma coisa beeeeemmmm simples:

NÃO, TERNO NÃO É CARTÃO DE VISITA.

O nó da gravata, que aparentemente parecia perfeito, apertava profundamente a garganta de Marcus a cada interrupção que sofria. O discurso que ele havia planejado para apresentar nem sequer podia ser apresentado. Durante menos de meia hora de reunião, foi interrompido tantas vezes que seu *pitch* parecia o de uma criança aprendendo a ler.

– Quero que Gramado seja referência em inovação e tecno...

– Mas tu não achas que Gramado é a cidade do turismo? Hehe.

– O propósito é justamente criar uma nova matriz econômica para a cidade.

– Mas pra fazer tudo isso que tu estás sonhando, tu precisas te conectar com pessoas mais experientes, porque afinal de contas, tu só tens um sonho.

O diálogo seguiu na mesma linha até Marcus cansar. Deixou o prédio e desceu as ruas quentes do Centro Histórico de Porto Alegre bufando. Se pudesse, teria voltado para casa no mesmo momento, mas ainda tinha outras agendas para as quais havia se preparado.

Chegou no segundo compromisso. Era um antigo contato de sua mãe/sócia, de um tradicional jornal do estado. Marcus entrou confiante na sala, com a expectativa de estampar a capa da próxima edição. Tinha certeza de que a imprensa se interessaria pelo seu projeto.

– A ideia é colocar jovens empreendedores com ideias disruptivas e escaláveis em evidência para colaborar com a evolução econômica e social do país.

– Hum, muito bom. Muito bom, mesmo.

– Faremos três dias de uma verdadeira imersão no empreendedorismo digital.

– Hum. Grande ideia.

– Quero que Gramado se torne um polo de inovação e tecnologia. Nossa estrutura é muito mais parecida com uma cidade do Vale do Silício do que São Paulo.

– Hum. Parabéns, Marcus, acho que tem tudo pra dar certo.

O diretor pediu que Marcus se retirasse um momento, para que ele falasse a sós com a sócia e mãe do idealizador do projeto sobre outros assuntos.

Marcus saiu e ficou esperando na sala ao lado. Só que as paredes eram tão finas que ele ouviu toda a conversa.

– *Marta, este projeto tem tudo para dar errado. Pode ser perigoso para a saúde da tua empresa. Acho que tu, como mãe e sócia, deveria impedir esta ideia maluca desde o começo.*

Marcus murchou na cadeira, como se fosse o goleiro da seleção brasileira levando o último gol do 7x1. Pensou que, pelo menos, pior do que estava não poderia ficar. Será?

A última reunião encerrou o dia com chave de ouro. Em outra visita a um importante veículo de comunicação do estado, Marcus esperava pelo menos impressionar a jornalista com seu brilhante *pitch*. Pensou que sua proposta seria vista como inovadora por pelo menos alguém.

Além de não ter sido recebido na sala da jornalista, ouviu o disparate de que seu projeto era "um tiro na Lua". Afinal, onde já se viu uma cidade nacionalmente conhecida pelo turismo tornar-se sede de um evento tecnológico? Inviável, não é mesmo?

Mas será que realmente era impossível acertar um tiro na Lua?

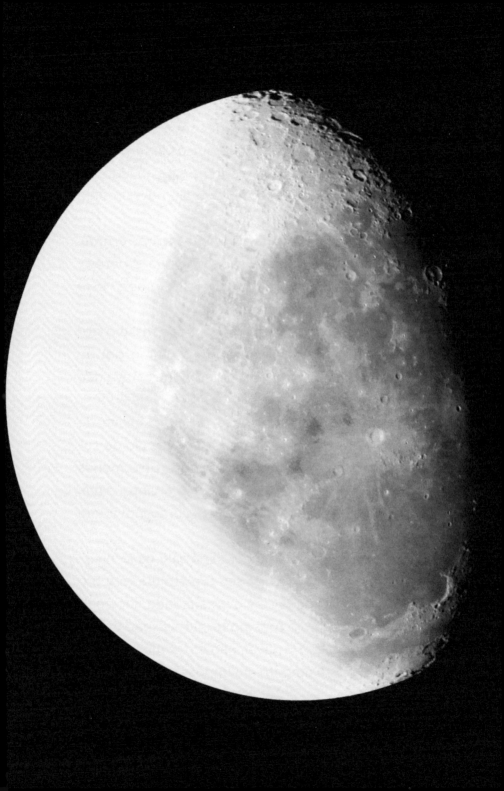

"O EMPREENDEDOR PRECISA ENTENDER QUE VIVER DE RESULTADO É MAIS SUSTENTÁVEL QUE VIVER DE IMAGEM. A IMAGEM É TEMPORÁRIA E VOLÁTIL. RESULTADOS SÃO PERMANENTES E PALPÁVEIS."

GUTO FERREIRA

DESÇA DO SALTO, EMPREENDEDOR

O celular subiu uma notificação nova. Era a mensagem de um contato importante confirmando se o compromisso marcado com a Gramado Summit havia meses estava de pé. O cliente tinha saído duas horas antes de Porto Alegre para encontrar Marcus em uma reunião decisiva no escritório.

    Se tem algo a que a vida empreendedora te ensina é desenvolver paciência para participar de muuuuitas reuniões. Muitas delas, infelizmente, poderiam ser resolvidas com um breve e-mail. Mas muitas outras exigem o olho no olho para o fechamento de negócios extremamente estratégicos. Aquela era uma dessas reuniões.

    Com medo de se atrasar para um encontro tão importante, Marcus subia as escadas do prédio rumo ao escritório, no coração de Gramado, suando frio. As ruas principais da cidade são conhecidas por serem movimentadas em qualquer horário do dia.

    Razão pela qual fez questão de sair minutos mais cedo para garantir uma boa vaga de estacionamento – e encontrar uma delas no centro da cidade é igual a ganhar na Mega-sena.

Enquanto andava pelos corredores frios do antigo prédio, Marcus teve um pressentimento angustiante. Ele sempre teve um sexto sentido aguçado. Abriu a porta do escritório e entrou. Dito e feito.

O cheiro de café que deveria receber a importante visita no escritório havia sido substituído por nada menos que um mar de esgoto. O primeiro passo que deu ao entrar na sala fez com que sentisse suas meias molharem pouco a pouco. Olhou rapidamente para os pés, sem ter ideia do que estava acontecendo. Foi quando percebeu que seu par de tênis branco já não era mais branco. Havia m*@# e m%&*#@ por todos os cantos.

Sabe aquela expressão "justo hoje"? Sozinho, foi obrigado a descer do salto, procurar panos, desentupidores e produtos de limpeza.

Enquanto Marcus procurava desajeitadamente por utensílios de limpeza, o relógio voava. O desespero era tanto que o empreendedor não sabia o que fazer primeiro: iniciar a faxina, ligar para alguém vir ajudá-lo ou avisar que se atrasaria para a reunião.

Não teve liberdade para decidir. Recebeu uma mensagem:

"Marcus, estou passando do pedágio. Em 15 minutos já chego".

Não havia tempo para fazer qualquer outra coisa, exceto limpar.

A reunião já havia sido remarcada tantas vezes que Marcus não tinha sequer coragem de pedir cinco minutos de tolerância. Ele contava com a sorte de que o trânsito do centro de Gramado impedisse o cliente de encontrar estacionamento.

Ao mesmo tempo que os panos de prato eram usados para sugar a água do chão, Marcus empenhava-se para encontrar a fonte do problema. Eis que ele escutou o barulho da porta se abrindo. Por um momento, congelou pensando que fosse o tão esperado cliente, mas uma luz divina lhe havia enviado um dos membros do time – sim, a Gramado Summit já era uma "empresa" a essa altura, perto de organizar seu grande evento.

Secou o suor da testa e respirou aliviado, sabendo que agora contava com a ajuda de alguém para acelerar a limpeza. Partiu então para a fase de diagnóstico do problema principal.

Resgatou suas habilidades de encanador e constatou que um dos canos do banheiro estava entupido por excesso de resíduos. Foi graças à ajuda de um desentupidor – que só Deus sabe como foi parar no escritório – que Marcus conseguiu retirar os restos de erva-mate e pó de café acumulados.

No mesmo momento em que comemorava a conquista como desentupidor, Marcus olhou para si mesmo no espelho, cheio de m*&$@#. Lembrou-se de que precisava estar com as roupas limpas e com o perfume em dia.

Mas não havia tempo de fazer mais nada. Limpou-se da melhor forma possível e, segundos depois de guardarem todos os baldes e panos em um canto do banheiro, o cliente entrou no escritório.

"Que sorte, consegui estacionar de primeira", ele comentou...

Se o coração de Marcus não infartou naquele dia, possivelmente não infartaria mais. Passou a reunião inteira com os batimentos acelerados. Não acreditava no sufoco que havia passado. E, ao mesmo tempo, tinha medo de que o escritório – e ele também – ainda estivesse sujo e fedorento de alguma maneira.

Em meio a tantos planos, projetos, gráficos e valores, o pensamento de Marcus estava distante. Mesmo não sendo uma pessoa muito religiosa, recorreu a todos os deuses e santos para ajudar naquela causa impossível.

"Deus, faça com que esse homem não queira ir ao banheiro!"

Passados dez minutos de conversa, o inevitável aconteceu:

– Marcus, onde fica o banheiro?

– Ahhhhhh... Claro, deixa eu só dar uma olhadinha se não tem ninguém lá.

Ao sair da sala de reuniões, Marcus fazia todas as linguagens de sinais possíveis para o membro do seu time que estava no escritório. Os olhos esbugalhados queriam dizer nada menos do que: F*&¨%$.

Com uma tristeza no olhar, Marcus avisou:

– O banheiro está liberado.

O potencial investidor retornou, sentou-se e calmamente comentou:

– Teve uma guerra por aqui antes de eu chegar?

Os dois se olharam em silêncio e, alguns segundos depois, explodiram em risadas. O empresário que parecia sério quebrou o gelo e, então, os negócios fluíram. Todo medo que Marcus sentiu antes da reunião foi deixado de lado. Afinal, uma barreira foi quebrada quando ele percebeu que todo empreendedor no fundo é igual e passa pelos mesmos problemas.

Moral da história: o controle nunca está nas suas mãos.

"A BASE DE UM BOM NEGÓCIO ESTÁ NA DEDICAÇÃO E NO BRILHO NO OLHAR EM FAZER ACONTECER. PRESENÇA E PROPÓSITO TIRAM UMA IDEIA DO PAPEL E A FAZEM VOAR."

LUANNA TONIOLO

A VIDA É UM JOGO

O suor escorria pelo pescoço. A roupa grudava no corpo. Cada caloria gasta liberava uma parte do estresse que tomava conta dos pensamentos de Marcus. Jogar tênis era uma válvula de escape. Nada melhor do que duas horas frenéticas jogando seu esporte favorito.

O tênis tinha muito a ensinar para Marcus. A disciplina e a concentração do jogo o ajudavam a organizar os pensamentos e a alinhar estratégias para sua vida profissional.

Essa era a forma que ele encontrava para aliviar o medo e a ansiedade de criar um novo projeto. Em menos de dois meses, a primeira edição da Gramado Summit aconteceria. Muitas pontas ainda precisavam ser fechadas. Muitas incertezas sobre o futuro tomavam conta dos pensamentos do jovem empreendedor.

Em 2017, Marcus ainda não carregava a *expertise* de organizar um evento próprio, sozinho. Criar a Gramado Summit era a grande aposta da sua vida. Por isso, a dedicação era integral, e a única fuga era o tênis.

Como fazia praticamente todas as manhãs, Marcus enfrentou as temperaturas geladas do inverno gaúcho para se dirigir à quadra de tênis. Meia hora de jogo havia se passado e tudo transcorria perfeitamente bem, até que...

O empreendedor estava perto da rede, preparado para uma jogada conhecida como *smash*, mas um erro de cálculo impossibilitou que ela terminasse com maestria. Sentiu uma dor forte na perna e caiu no chão. Era uma lesão.

Mesmo que a dor fosse insuportável, Marcus imaginava que se tratasse de uma mera torção, comum nos jogos de tênis. Submeter-se a uma cirurgia era a última coisa que passava por sua cabeça.

A ida ao hospital foi mais longa do que ele imaginava. O que era para ser um raio X despretensioso virou um choque: tinha rompido os ligamentos. Ele precisava ser operado e, ainda por cima, passar por um procedimento tão complexo como a colocação de dois pinos.

Dias internado no hospital e um grande gesso na perna esquerda transformavam a realidade de Marcus. Não bastasse ter um evento inteiro para organizar em um mês, ele ainda tinha uma filha nascida havia poucas semanas para cuidar. A vida é um jogo, sim, mas que m*$%@# de jogo é esse que rompe os ligamentos nessa hora?!

"NO MUNDO DOS NEGÓCIOS, MINHA REGRA É BÁSICA: ÉTICA NÃO TEM PREÇO. PERCO RECEITA, GANHO RESPEITO."

BRUNO PINHEIRO

Como se não fosse suficiente, os problemas com a montagem acompanhavam a Gramado Summit na primeira edição – vamos combinar que viraria uma tradição. Na época, a feira funcionava de maneira diferente, seguindo os modelos internacionais de exposição de startups. Desta forma, cada startup tinha somente um dia para expor no evento. Com isso, a adesivagem dos balcões deveria ser trocada ao final de cada dia para receber o próximo expositor na manhã seguinte.

Isso aconteceu de fato?

Claro que não.

Logo no segundo dia do evento daquele ano, Marcus teve que carregar sua perna engessada para cima e para baixo na tentativa de resolver algumas falhas. A montadora simplesmente esqueceu do detalhe: trocar os adesivos.

Você já imaginou o quão frustrante pode ser esperar durante meses para expor em um evento e, ao chegar o grande dia, você não encontrar o seu estande? Essa foi a realidade de algumas startups naquele primeiro ano. A frustração dos empreendedores passava também para Marcus, que apostava todas as suas forças no sucesso do evento.

Os acontecimentos recentes faziam Marcus acreditar que um feitiço havia sido jogado sobre a Gramado Summit. Mas, mais uma vez, o resultado mostrou que organizadores de eventos têm mais sorte do que juízo. A primeira Gramado Summit foi um sucesso. Depois de beber ao fracasso em Dublin, Marcus assistiu com um brilho nos olhos à realização daquele projeto em que pouca gente acreditava. Ingressos todos vendidos, mostrando que as pessoas realmente queriam participar de encontros como aquele. Havia uma demanda reprimida, havia startups querendo expor e investidores em busca de boas ideias para apostar. Naquele dia, Gramado tinha deixado de ser apenas a cidade do Natal e dos chocolates para começar a ser também uma referência em eventos de inovação. Fora o sonho realizado, tinha a outra parte: $$. Com o que havia arrecadado, dava pra pagar o empréstimo e ainda sobrava alguma coisa para reinvestir. A Gramado Summit se tornava uma empresa de verdade, com uma equipe. Era hora de voar e realizar uma segunda edição.

"MUDAR NÃO É UMA ATITUDE SIMPLES, É PENSAR NISSO QUE DEIXA A VIDA INCRÍVEL!"

EDSON MACKEENZY

O QUE ACONTECE ATRÁS DOS PALCOS

O walkie-talkie apitava a cada 10 segundos. O som era tão frequente que já não o distraía mais. Afinal, rotina de eventos é isso. Detalhes surgem de última hora, mas Marcus não se preocupava. Ele tinha uma equipe preparada e dividida ao redor dos pavilhões do Centro de Eventos que, em poucas horas, receberia milhares de visitantes para a Gramado Summit 2018.

Enquanto seu time cuidava de detalhes práticos, ele resolvia estratégias e gerenciava o macro. Seu papel era garantir que todos estivessem dedicados em suas respectivas funções, enquanto ele cobria as ocorrências de última hora.

Caminhando de um lado para o outro, percorria os imensos e gelados corredores da feira. O telefone no ouvido direito dividia a atenção de seu cérebro com o fone do walkie-talkie, colocado na orelha esquerda. Desde que se conhecia por gente, sua família trabalhava com eventos, então, a presença dos walkie-talkies era praticamente uma extensão do corpo em dias de feira.

Mesmo acostumado com diversas vozes, Marcus foi interrompido abruptamente durante uma ligação importante, que alinharia a chegada de autoridades nacionais para a abertura do evento. O recado do walkie-talkie era de uma das gurias do time. A voz, que sempre era serena em meio ao caos, tornou-se trêmula e exaltada. O sinal não era nada bom.

– Marcus, tá na escuta? É urgente!

– Oi, estou aqui.

– Precisamos de ti agora, Marcus, fodeu tudo.

– Aqui onde? O que houve? Tô numa ligação importante agora.

– Atrás do palco principal, é realmente urgente.

– Jesus, tô indo aí.

Cada passo dado para atravessar os extensos pavilhões pesava toneladas. A ansiedade piorava tudo. Ele não sabia o que encontraria atrás do palco. As pernas tremiam como consequência do medo do que estava por vir.

A tradicional gastrite que sempre o acompanhava nas manhãs de abertura do evento piorou quando Marcus chegou ao local indicado pela equipe. Mesmo sendo um verdadeiro pessimista, o cenário encontrado por ele era pior do que conseguia imaginar até então.

Duas horas para começar o evento, tudo deveria estar nos eixos, certo? Só que não!

"QUANTO MAIS DIFÍCIL FOR UM PROBLEMA, MAIS IMPORTANTE SE TORNA ENFRENTÁ-LO DE FORMA ESTRITAMENTE RACIONAL. DECISÕES RACIONAIS ECONOMIZAM NOSSO TEMPO E POUPAM NOSSO EMOCIONAL, PARA QUE POSSAMOS "TIRAR DA FRENTE" COM A MAIOR VELOCIDADE POSSÍVEL TUDO AQUILO QUE NÃO AGREGA AO NOSSO NEGÓCIO."

PATRÍCIA TURMINA

Todas as equipes que trabalhariam no evento em diferentes funções estavam empenhadas em uma mesma tarefa. Recepcionistas, seguranças, staff, técnicos de som e luz, videomakers e montadores. Todos estavam abraçados em rodos e panos tentando estancar o caos.

O principal cano do Centro de Eventos estourou atrás da plenária principal, atingindo fios elétricos e inundando a área que receberia os visitantes 120 minutos depois.

Cada segundo que passava era precioso. Cada pessoa que chegava para ajudar não tinha nem sequer tempo para respirar e analisar a situação. Havia tempo somente para limpar e tentar evitar que o pior acontecesse. Afinal de contas, um dos principais ativos do evento seria entregue naquele local: a tão elogiada plenária de conteúdo.

Enquanto dezenas de pessoas cuidavam da limpeza e da fiação elétrica, alguns dos palestrantes confirmados chegavam ao centro de eventos querendo conhecer o local onde palestrariam algumas horas depois.

O time de curadoria precisou se aperfeiçoar na arte da mentira. Afinal, o desespero não poderia chegar aos ouvidos das atrações do evento.

Apesar do caos e das intensas horas de desespero, nada supera o famoso trabalho em equipe. Os milhares de participantes que se sentaram na plenária principal durante os três dias seguintes não chegaram a desconfiar da tragédia que havia reinado por ali.

Reza a lenda que organizadores de evento têm mais sorte do que juízo. E o histórico da Gramado Summit comprova isso.

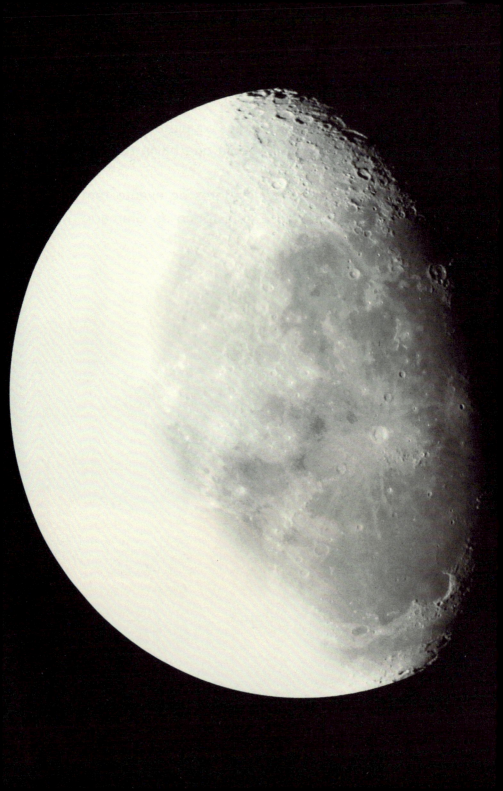

"NÃO DUVIDE DA SUA CAPACIDADE, MAS TAMBÉM NÃO DEIXE DE BUSCAR O NOVO E APRENDER MAIS, SEMPRE! VOCÊ É MAIOR DO QUE IMAGINA!"

VERÔNICA OLIVEIRA

O IMPREVISTO É IMPREVISÍVEL

Como já contamos antes, a Gramado Summit coleciona histórias que comprovam uma coisa, digamos, um pouco óbvia: imprevistos são realmente imprevisíveis. Durante 12 meses, uma equipe se dedica integralmente para organizar três dias de evento.

Você pode até se perguntar: tem trabalho pra tudo isso? A resposta é sim. Somente o time de vendas conta com diversas pessoas para garantir que um dos principais ativos da Gramado Summit funcione: a feira de negócios.

Grande parte dos clientes aguarda ansiosamente pelos três dias de feira. Há grande expectativa para ver pessoalmente o projeto de seus estandes tomar forma. Afinal, o espaço de cada uma diz muito sobre como as empresas expositoras irão se apresentar para milhares de visitantes.

Os projetos visuais dos estandes são minuciosamente idealizados e aprovados pelos responsáveis para que estejam entregues conforme o esperado nos três dias de evento.

Esse seria o caminho lógico, certo?

Hum...

Por mais que o time comercial se esforce para garantir que essa lógica funcione, muitas outras pessoas estão na cadeia de eventos. E, a respeito delas, não é possível ter controle. A Gramado Summit sentiu isso na pele, especialmente 12 horas antes da abertura da edição de 2019.

O relógio marcava 22h30min. O time de vendas estava mais do que apreensivo:

– Olha só, já é o décimo expositor que me cobra por que não puderam ver os estandes montados hoje.

– Sim, muitos já querem deixar os brindes e os materiais expostos, né?

– Pois é, prazo é prazo.

– Mas ainda falta acabamento na grande maioria dos estandes... E o evento já é amanhã.

Não bastava ter que responder às cobranças dos clientes, as meninas do time comercial também precisaram convocar uma força-tarefa para garantir que todos os estandes da feira estivessem limpos e decorados antes da abertura do evento no dia seguinte.

Restavam menos de dez horas para que o credenciamento dos expositores fosse liberado. Até lá, era preciso organizar o que já deveria ter sido organizado há dias por terceirizados.

Membros do time que cuidavam de Tecnologia, Comunicação e Logística precisaram avançar madruga-

"A PRINCIPAL FORMA DE CRIAR PRODUTOS DE SUCESSO É ENTENDER VERDADEIRAMENTE O CLIENTE. NÃO DESTA FORMA TRADICIONAL E ANTIGA, MAS CONVERSANDO COM AQUELA ESTRUTURA INTERNA QUE REPRESENTA O REAL DESEJO, A REAL PESSOA E QUE NORMALMENTE NUNCA É POSTA À TONA."

ANDRE DIAMAND

da adentro descarregando caminhões, limpando móveis, checando adesivagens e decorando estandes.

Não bastava carregar os móveis para os estandes ou fazer a limpeza deles. Cada contrato de estande era diferente. Cada um possuía ativações únicas. Afinal, não faria sentido colocar uma almofada verde em um estande com identidade visual vermelha.

Nenhum membro do time tirou os pés do pavilhão até ter certeza de que a feira estava o mais perto possível dos projetos idealizados nas telas dos computadores.

Se a recomendação era de uma boa noite de sono antes de começar a empreitada de três dias de evento, dá para afirmar que ela não foi nem de perto cumprida pela equipe da Gramado Summit.

Não era suficiente terem chegado às 4h da manhã em casa: as pessoas da equipe também não conseguiam pregar o olho pensando em todos os detalhes técnicos que não dependiam delas para serem executados.

Após duas horas de sono maldormidas, o time voltou aos pavilhões amparado de rezas, na esperança de que um milagre tivesse acontecido. E aconteceu. A ansiedade e o medo foram substituídos pela alegria de ver a feira e os palcos decorados e limpos.

No entanto, toda essa mescla de sensações já era comum para a equipe da Gramado Summit. As montagens das edições anteriores também haviam sido marcadas por angústias e incertezas.

Se tem algo que todas essas edições ensinaram para o time da Gramado Summit é que é impossível ter controle sobre todas as coisas.

"SE OUVIR FALAR DE PROPÓSITO PARECE CLICHÊ, TALVEZ SEJA PORQUE TEM MAIS GENTE FALANDO DO QUE FAZENDO."

GUI MASSENA

MUDANÇA NA ROTA

(OU "O AVIÃO DECOLOU, MAS DE REPENTE COMEÇOU A CAIR, MEU DEUS")

Pela fresta das portas de vidro do escritório era possível perceber que o clima da sala em frente era de mudança. Telefone tocando, imobiliária fazendo a checagem final e, por fim, a placa de "aluga-se" sendo colocada no vidro que compõe a entrada daquele que, um dia, já foi um consultório de psicologia. Eram sinais de uma nova comemoração: o time da Gramado estava se mudando para um escritório novo. Na verdade, alugando uma sala a mais no prédio onde já estava. Mais espaço, salas individuais e o luxo máximo: a sala tinha mais de um banheiro.

Marcada por divisórias e carregada pelas histórias que transcorreram nas sessões de terapia, a sala vazia acabou se tornando parte da história da Gramado Summit. Os membros da empresa acompanharam todas as movimentações daquela sala durante semanas, exatamente igual a uma dona de casa aposentada observando a vizinhança pela janela.

Nem mesmo as paredes opacas e a umidade do ambiente tiraram a curiosidade do time. Além do burburinho, havia segundas intenções.

– Gente, vamos aproveitar que não tem ninguém ali na sala da frente para dar uma olhadinha por dentro. Vai que seja legal. Podemos ampliar nosso escritório.

– Boa! Fiquei sabendo que tem até espaço pra cozinha.

Assim que os antigos donos se despediram da sala, Marcus foi chantageado pelo time. A essa hora, todos já imaginavam exatamente a disposição dos móveis no novo ambiente.

Enquanto um media a largura das mesas, o outro projetava uma planta baixa imaginária do local. Mas foi somente quando Marcus entrou na sala e pediu quais seriam os valores para o aluguel que o sonho realmente ganhou vida.

Em poucos minutos, o time já estava com cadeiras, empilhando mesas e, claro, se machucando no transporte dos móveis. O sonho se realizava: eles finalmente teriam uma cozinha e dois banheiros.

A primeira decisão não foi de fazer um contrato de locação, mas de pintar a parede de entrada e estampar a cultura daquelas 14 pessoas da equipe por lá.

No dia seguinte, metade do time havia se mudado para o novo local. Agora, finalmente haveria mais espaço para locomoção, para ligações e reuniões.

Era o que eles pensavam.

O entusiasmo inicial deu lugar a um grande desconforto. A equipe, que era acostumada a dividir um único ambiente há anos, precisou lidar com o fato de estarem distantes. Na prática, ter uma cozinha não era tão legal quanto estar lado a lado com todos os colegas.

– Meu Deus do céu, que sala fria!

– Sim. Nove da manhã e esse lugar congelando. Não tô gostando, affff.

– Às vezes dá saudades de ouvir as gargalhadas do time todo junto, né?

A sensação de estranheza foi um dos primeiros indícios de que aquela escolha não terminaria bem.

Além de estarem atravessando os meses de inverno e o frio congelante da Serra Gaúcha, também estavam enfrentando a pandemia causada pela Covid-19. A essa altura você já deve saber que a Gramado Summit é uma empresa organizadora de eventos, e o setor de eventos... Bom, de um ponto de vista otimista, o verbo seria: evaporou.

Consequentemente, as notícias recebidas dentro do escritório não eram boas.

– Gente, mais um pedido de cancelamento de estande por causa da Covid.

– Precisamos sentar com o Marcus para alinhar alguma estratégia.

– Sim, já são vários pedidos, sem falar nos reembolsos de ingressos.

Mal sabiam eles que todas essas inseguranças já rondavam a cabeça de Marcus. Os problemas financeiros o incomodavam tanto que ele buscava soluções para conter a queda no faturamento. Até que chegou o momento de uma reunião emergencial com todos os funcionários:

– Pessoal, precisamos tomar uma decisão difícil e delicada. Eu não conseguiria fazer essa escolha sem a ajuda de vocês.

– Eita, lá vem!

– Então, vocês já sabem que a situação financeira não está boa. Ainda por cima, fizemos duas contratações recentes e alugamos uma nova sala.

– Tu queres demitir as pessoas?

– Não, não. Por isso, estamos reunidos aqui. Temos um problema: não tem como continuar com a nova sala e com as contratações ao mesmo tempo. Quero ter certeza de que vocês concordam com a escolha que vou fazer.

– Sim. Concordamos em devolver a sala, obviamente.

– Então vou ligar para a imobiliária e, amanhã, teremos mudança de novo.

Enquanto o time machucava as costas para carregar os móveis de volta para a antiga sala, eles aproveitavam para refletir sobre o momento.

– Temos que pensar pelo lado positivo, tirar alguma coisa boa de toda esta desgraça.

Decisões precipitadas levam a resultados não tão agradáveis. Quem criou aquele ditado de não colocar a carroça na frente dos bois foi um verdadeiro visionário. A equipe da Gramado Summit não prestou atenção a esse ditado popular, mas aprendeu na pele que alguns modelos de gestão não se aplicam para todos os negócios. Para a Summit, as paredes nunca foram uma alternativa.

> "A BASE DE TUDO É UM TIME INCRÍVEL, QUE JOGUE COM LIBERDADE E ENGAJADO EM UMA MISSÃO TRANSFORMADORA."

TITO GUSMÃO

DORMIR? NUNCA NEM VI!

Os segundos dos ponteiros demoravam uma eternidade para passar. O relógio ainda marcava 4h15min. O cenário representava mais uma noite típica de outono da Serra Gaúcha. Mais uma noite em que Marcus passava a madrugada em claro, consumido pela ansiedade e pelo medo de perder tudo que construíra até então.

Você já deve ter reparado até aqui que Marcus não é uma pessoa que costuma dormir. Não porque ele não goste, mas porque a ansiedade para resolver os problemas o acompanha principalmente durante a madrugada. Naquele dia não foi diferente, afinal, tratava-se de uma decisão histórica que precisava ser tomada.

O contexto era de uma pandemia que tomava maiores proporções a cada dia. A pressão do público e dos patrocinadores aumentava. Todos estavam tomados de medo do futuro. O que antes era visto como uma boa estratégia, agora era motivo para insegurança. Eventos repentinamente se tornaram os grandes vilões.

Era preciso se posicionar.

Para se distrair durante a madrugada, Marcus ligou a televisão. Um grande erro!

As notícias mostravam lojas fechando, shoppings às moscas, shows cancelados, escolas e universidades vazias. A maré negativa finalmente se aproximava da realidade de Marcus e da Gramado Summit.

O que aconteceria com o planejamento de um ano inteiro para a realização do evento? Não se tratava apenas de cancelar a Gramado Summit. Era preciso estudar todos os impactos na cadeia envolvida para a realização da conferência.

No entanto, a pressão era grande. Era preciso encontrar uma alternativa.

Marcus não conseguiu esperar e enviou uma mensagem no grupo de WhatsApp da equipe.

"Amanhã cedo preciso de todos no escritório. Precisamos de uma reunião decisiva."

Com cafés e energéticos nas mãos, o time se reunia ao redor de Marcus para escutar o que todos já temiam.

– Galera, a pressão tá gigante. Vindo pra cá, recebi dois e-mails de participantes pedindo para a gente se posicionar. Ou cancelar ou adiar o evento. Sei que o Coronavírus parece um pouco distante, mas ele já afeta a nossa realidade.

– Sim, nas redes sociais está a mesma coisa. Muitos questionamentos.

"SOMOS ADULTOS INÉDITOS: MUDANÇAS MAIS COMPLEXAS E MUITO MAIS VELOZES VÃO NOS DESAFIAR."

DADO SCHNEIDER

– Acho que é uma boa decisão se optarmos por adiar.

– Não adianta querer bater o pé e fazer o evento este ano, sem participantes e sem gerar negócios. Isso pode nos quebrar mais do que o Corona.

– Certo, galera. Então as gurias de conteúdo já podem se reunir para fazer um posicionamento de crise.

– Sim, vamos fazer. E podemos fazer um vídeo oficial também. Acho que as pessoas esperam principalmente uma resposta vinda de ti.

Enquanto muitos planejavam os detalhes do anúncio, outros estavam congelados esperando o pior cenário de caos possível.

Mas aquele não era o momento para ficar congelado. Precisavam agir. Precisavam comunicar todos os parceiros, clientes, palestrantes, patrocinadores, visitantes e imprensa.

Cada membro do time pegou um telefone e se acomodou em algum canto do escritório para dar conta da força-tarefa. Afinal, era preciso ter certeza de que todos estariam cientes da mudança de data do evento – desde o responsável por alugar o centro de feiras até os mais variados prestadores de serviço envolvidos na montagem.

O trabalho mais temido pelo time ficou sob responsabilidade do próprio Marcus, que ligou para cada um dos patrocinadores e mantenedores para consultar e comunicar a mudança de data.

Apesar de parecer uma decisão simples, a transferência de data era um movimento complexo e até mesmo financeiramente custoso para os organizadores. Afinal, havia muitos contratos e parcerias envolvidos. Mesmo com esses empecilhos, a decisão foi tomada com base no pedido dos clientes.

O processo mostra a importância de escutar e colocar o consumidor no centro dos negócios, mesmo que isso nos tire algumas horas de sono.

"A CONSISTÊNCIA INTELIGENTE É O DNA DA MAESTRIA."

MAURÍCIO BENVENUTTI

CUIDADO, ALERTA VERMELHO!

A luz vermelha acendeu no visor do carro. O bipe de alerta soava para chamar atenção. Ficou preocupada, mas lembrou que era apenas o sinal de que a gasolina estava prestes a acabar.

Olhou no painel e, felizmente, era dia 1º do mês. O dia em que o vale-alimentação caía na conta. Consequentemente, também era dia de abastecer o tanque antes de ir para o escritório e garantir que o carro estivesse preparado para rodar o mês inteiro.

Ela seguiu a rotina que fazia todo começo de mês desde que trabalhava na Gramado Summit. Dirigiu-se ao posto de combustível mais próximo de sua casa. Enquanto a fila de carros para abastecer não andava, ela aproveitou para checar as notificações do celular.

Uma mensagem no grupo de WhatsApp da empresa convocava uma reunião para a primeira hora da manhã. Ela não se preocupou, afinal, não haveria de ser nada.

Quando chegou sua vez de abastecer, cumprimentou o frentista e pediu que completasse o tanque.

Durante o tempo em que ele abastecia, aproveitou para pedir um pão de queijo e um café fresquinho para começar o mês com o pé direito. Tudo por conta do vale-alimentação.

O bom humor estimulado pelo depósito do benefício na conta fez com que ela despendesse um tempinho conversando com a atendente sobre o clima. Passou o cartão e, no meio da conversa sobre as chuvas, a caixa respondeu:

– Transação inválida, moça.

– Ué, devo ter errado a senha, então – respondeu prontamente, ponderando que isso jamais havia acontecido. Tentou novamente.

– Não passou de novo. Talvez seja o teu limite? – indicou a atendente.

Contrariada, abriu o aplicativo que mostrava o saldo. Estava zerado. O dinheiro não havia caído na conta, pela primeira vez em dois anos de empresa.

Desnorteada e envergonhada, pagou a conta no cartão de crédito e, claro, pediu para que a despesa fosse parcelada. O pão de queijo desceu seco, e o café esfriou.

Ela se deslocou ao escritório pensando que a data de pagamento do vale poderia ter mudado, ou então que haviam alterado a forma de fazer o repasse.

Foi apenas quando chegou ao local de trabalho e se deparou com a reunião à sua espera que se deu

"NÃO SE TRATA DE DIMINUIR A RELEVÂNCIA DE SETORES COMO COBRANÇA, ATENDIMENTO, CONTAS A PAGAR E ÁREA TÉCNICA, MAS RECONHECER QUE A EMPRESA RESPIRA PELA PRIMEIRA VEZ, VIVA, QUANDO FAZ SUA PRIMEIRA VENDA, É RECONHECER A VENDA COMO OXIGÊNIO QUE A EMPRESA RESPIRA, COMO MOTOR QUE MOVE O EMPREENDEDORISMO."

JONATAS ABBOTT

conta de que o vale poderia realmente não cair naquele mês.

– Galera, esta é mais uma daquelas reuniões chatas que um CEO precisa fazer, mas é um comunicado importante que mexe com a realidade de todos vocês.

Todos aguardavam atentos pela bomba que cairia. No escritório, que era sempre tão barulhento, agora não se ouvia nada, exceto o diretor:

– Essa pandemia nos quebrou no meio. Achei que ia dar pra segurar, mas chegamos no limite. Para que ninguém precise ser desligado da empresa, vamos ter que fazer o corte de alguns benefícios, inclusive o vale-alimentação.

Ainda sem jeito, ele completou:

– Se vocês tentarem utilizar o cartão de vocês hoje, quando geralmente entraria o vale, já não vai mais ser possível, porque não foi repassado um saldo novo.

Enquanto ouvia, passava um filme pela cabeça da colaboradora que havia tentado seguir sua rotina habitual com o vale-alimentação pela manhã. Ela se deu conta de que o benefício realmente não cairia na sua conta naquele mês e, possivelmente, nos próximos.

As horas que sucederam a reunião foram difíceis para Marcus e para a equipe. Para ele, cortar um benefício tão importante era de partir o coração. Para o time, era complicado imaginar como conciliar os gastos e as contas a partir de então.

Mas, apesar das frustrações, os colaboradores souberam se adaptar financeiramente e não deixaram que a situação afetasse o ritmo de trabalho. Foi assim que Marcus percebeu que estava ao lado das pessoas certas para o seu negócio. Mesmo diante do caos, elas foram compreensivas e seguiram lutando para que a empresa revertesse a situação.

Este episódio desconfortável que aconteceu com a Gramado Summit demonstra a importância do diálogo e da horizontalidade entre "chefe" e "funcionários". No mercado, ainda existe uma barreira que vai totalmente de encontro a isso, em que a hierarquia e o poder falam mais alto do que a conversa, a sinceridade e um ambiente saudável de trabalho.

MUDAR PARA NÃO FALIR

Imagine que você ama comer hambúrguer, passa todos os dias se esforçando na dieta e no fim de semana resolve pegar o carro e ir até o seu restaurante favorito. Ao chegar na frente do estabelecimento, estaciona e percebe que ele não está aberto. O gerente resolveu dar folga aos colaboradores e você fica só na vontade. O sentimento que resta é de decepção, impotência, e você imagina quais motivos levaram o restaurante a fechar do nada.

A mesma sensação tomou conta do time da Gramado Summit algumas semanas após o começo da pandemia.

Tradicionalmente, a venda de ingressos para o evento era feita por meio de plataformas de gerenciamento terceirizadas. Essa operação facilitava a vida da Gramado Summit enquanto organizadora de evento, uma vez que todo o processo de comercialização dos tíquetes, juros, parcelamento e gestão ficava sob responsabilidade destas empresas terceirizadas.

Durante três anos, tais processos serviram perfeitamente bem, até que...

– Pessoal, preciso de uma ajudinha com a nossa plataforma de ingressos. Como já tivemos alguns pedidos de reembolso, precisamos sacar o valor das últimas vendas que está retido lá.

– Sim, pode deixar. A gente já costuma fazer o saque todo dia 10, mesmo. O processo é muito fácil, deixa pra mim.

Mas, desta vez, o processo não foi tão fácil assim. A operação, que costumava durar menos de cinco minutos, se estendeu durante semanas.

Ao abrir o sistema para realizar a transferência do valor para a conta da Gramado Summit, o time se surpreendeu.

Se depararam com a mensagem de que, em função da pandemia, todos os repasses de recurso estavam congelados até um dia após a data de realização dos eventos. Ou seja, os pagamentos dos ingressos foram feitos em abril de 2020 e seriam recebidos pela Gramado Summit somente em março do ano seguinte.

Agora imagine: quando você quer solicitar um reembolso ou sacar de volta qualquer valor que lhe pertença, você não gostaria de esperar mais de um ano, né?

Pois foi isso que aconteceu com a Gramado Summit.

E, para piorar a situação, o valor retido não era somente de poucas vendas, mas sim, referente a um mês inteiro de comercialização de ingressos.

Somado a isso, a equipe se deu conta de um fato extremamente importante. Como prosseguir com as vendas de ingressos a partir de então? Afinal, todas as vendas realizadas a partir daquele momento ficariam retidas por pelo menos um ano na plataforma terceirizada. Ou seja, o esforço seria em vão.

Como reverter a situação? A venda de ingressos é uma das principais fontes de receita do evento.

Você já imaginou acordar cedo todos os dias, trabalhar incansavelmente e receber seu salário de um ano inteiro apenas no ano seguinte? Impossível, né? Como você iria se manter durante todo esse tempo?

Foi assim que a Gramado Summit precisou mudar para não falir. Em pouco tempo, deu um jeito de criar com seu time de tecnologia uma nova plataforma de gestão de pagamentos para eventos, não só para o seu próprio, mas também de olho em outros mercados: a Ciano.

QUANDO UM DÓLAR TE FAZ CHORAR

As telas indicavam uma realidade que impactaria em cheio a Gramado Summit – e todo o mundo.

Telefones tocavam simultaneamente, enquanto centenas de pessoas agitadas analisavam os valores e resultados. Nada que fugisse da normalidade de um dia qualquer na bolsa de valores.

O que muitos não sabem é que a valorização das ações de empresas ao redor do mundo impacta diretamente no valor de uma das principais moedas internacionais – e ela, por sua vez, interfere no dia a dia de quem sequer imagina que isso aconteça.

Isto mesmo: a alta do dólar transformou completamente a realidade da Gramado Summit.

Contudo, meses antes de isso acontecer, Marcus e seu time haviam tomado uma decisão importante para o rumo do evento: a contratação de um palestrante internacional. Ah, em dólar, claro. Após o sucesso da Gramado Summit 2019, os organizadores almejavam que a próxima edição fosse ainda mais impactante.

Para isso, a contratação de Jordan Belfort seria fundamental. Antes dele, surgiram muitos outros nomes, desde Ashton Kutcher até Steve Wozniak. Quando finalmente chegaram à escolha do Lobo de Wall Street, ainda havia um grande investimento financeiro a ser feito. O cachê era de US$ 100 mil.

Era um montante alto para a realidade da empresa, mas Marcus e o time acreditavam que seria possível lucrar com a venda de ingressos a R$ 6 mil. Estruturaram cuidadosamente uma imersão em vendas, exclusiva e única no Brasil, realizada dentro da própria Gramado Summit 2020.

Por mais que o valor do cachê fosse alto, na época em que fecharam o contrato, o dólar estava cotado em R$ 4,10. O time acreditava que, com esse valor, seria possível ter retorno sobre o investimento.

O que eles não esperavam, no entanto, era a chegada de uma pandemia. Com ela, as vendas cessaram, eventos foram cancelados e pedidos de reembolso se multiplicaram. Não havia mais dinheiro em caixa para fazer os repasses do pagamento, que havia sido parcelado.

Negociaram e conseguiram postergar algumas datas de pagamento. Mas nem a transferência da data do evento foi suficiente para que as vendas retomassem o antigo fôlego.

Foi aí que precisaram buscar outras formas para sobreviver. Para isso, Marcus teve que fazer uma das coisas mais temidas pelos empreendedores: uma conversa séria com o financeiro.

– Marcus, o que tu pensas em fazer para pagar este cara? Não tem dinheiro em caixa.

– É, eu sei. Acho que vamos ter que tomar alguma medida drástica.

– O que tu queres dizer com isso?

– Meu objetivo não é cortar pessoas, nem nada. Também não gosto da ideia que vou propor, mas acho que é o único caminho. Nem nos meus piores pesadelos pensei que teríamos que recorrer a isso, mas acho que vamos precisar de um empréstimo.

– É um risco que tu corres. O pagamento dele é em dólar e ainda tem os juros.

O que Marcus não imaginava é que a pior consequência dessa decisão seria o pagamento em dólar. A crise do Coronavírus não impactou somente o caixa da Gramado Summit, como também arrombou o caixa de grandes empresas ao redor do mundo. O resultado: uma alta histórica no dólar.

Em poucos meses, a moeda que antes valia R$ 4,10 passava subitamente para R$ 5,60.

Cada centavo fazia a diferença, e o desejo era de que o contrato internacional tivesse uma cláusula que permitisse o pagamento com o valor do dólar correspondente ao dia de assinatura do termo. E adivinha: claro que não!

QUANDO SE APAGAM OS HOLOFOTES

– Coceira na pele, o que pode ser?

Às 7h30min da manhã, Marcus já fazia a primeira busca no Google. A pele dos braços e da barriga estava completamente marcada por arranhões. Após encontrar o diagnóstico de câncer de pele no Google, decidiu não se desesperar e saiu para comprar um antialérgico na farmácia.

Você mesmo já deve ter passado por isto: estava apenas com uma leve dor de garganta, que podia facilmente ser uma faringite, mas o Google lhe diagnosticou com um tumor.

O dia, que já não começava dos melhores, piorou de vez quando Marcus cruzou a primeira rotatória no trânsito. Se você é morador de uma cidade grande, não deve estar tão habituado com rotatórias, mas em Gramado elas são tradicionais e substituem os semáforos.

Foi durante o cruzamento de uma dessas rotatórias que uma caminhonete Ecosport preta não respeitou a preferencial e colidiu contra o carro de Marcus.

Já tomado de alergia, bater o carro definitivamente não estava nos planos. Principalmente por ser o carro que Marcus precisava vender para pagar as contas da construção de sua casa, que estava há sete anos em andamento.

Depois de resolver as inúmeras burocracias e acionar o seguro, dirigiu-se ao escritório. Por lá, uma das mais antigas colaboradoras o chamou para uma conversa particular.

Como a maioria das reuniões da empresa é feita a portas abertas, Marcus pensou que tivesse acontecido algo muito sério na vida particular da funcionária. Tudo passou pela cabeça dele. "Talvez ela houvesse batido o carro também". "Estava com o coração partido e queria desabafar", ou "havia brigado com os pais".

Ele só não adivinhou o real motivo da conversa. Ela pediu para sair da Summit.

Em uma grande corporação, os pedidos de demissão são corriqueiros. Mas, para a Gramado Summit, isso era inédito.

Mesmo sabendo que essa era uma realidade normal no mercado de trabalho, Marcus não estava preparado. E o pior de tudo é que ele precisou separar a vida pessoal da profissional para lidar com a situação.

O dia de fato já não havia começado bem, e isso apenas despertou inúmeras inseguranças que Marcus tentava abafar em sua rotina. No cotidiano, sempre demonstrava ser uma pessoa segura e determinada, mas no seu íntimo também se questionava sobre o futuro.

– Será que a batida no meu carro era um indicativo do que viria pela frente?

Apesar de disfarçar muito bem a decepção para não desmotivar o restante da equipe, as bolhas na pele e a intensa coceira demonstravam que as coisas não iam bem.

Pode parecer uma lição boba, mas, quando se apagam os holofotes, as coisas não reluzem tanto assim. Você pode não ter alergia quando se frustra, mas muitas outras situações podem acontecer com você, e está tudo bem.

NEM TUDO SÃO FLORES

O celular toca. 2h36min da manhã. O sono não vem, está picotado. A canseira é de uma pessoa que não dorme há, pelo menos, uns 30 dias. As olheiras já serviam de acessórios. No WhatsApp, mensagem com o código dos Estados Unidos. Você pode estar pensando que receber um bipe de fora do país é muito chique. Pode até ser. Mas, muitas vezes, esses contatos chiques vêm com problemas nem tão chiques assim.

Jordan Belfort, ninguém menos do que o Lobo de Wall Street. Sim, aquele que ficou famoso mundialmente por ter sua história eternizada nas telas do cinema por Leonardo DiCaprio, em filme dirigido por Martin Scorsese.

A essa altura, você também pode estar pensando que estar em contato com o Lobo de Wall Street é sinônimo de glamour. Pode até ser. Mas junto com o glamour... Bom, para começar, ele não ganhou esse apelido à toa. A Gramado Summit acreditou por um bom tempo que trazer Jordan Belfort com exclusividade para o Brasil seria um dos momentos mais importantes do evento, mas ninguém avisou que seria fácil.

Afinal, 2020 ofereceu muitos ensinamentos e muitos deles vieram com o movimento de trazer Jordan Belfort ao Brasil. A Gramado Summit não iria acontecer, mas, estrategicamente, a empresa tinha conseguido manter um evento fechado com o Lobo, apenas para um número restrito de convidados, respeitando todos os protocolos de segurança.

O primeiro ensinamento de quem trabalha com eventos: emita passagens aéreas com antecedência. Muita antecedência.

A vinda do Lobo de Wall Street se aproximava. Todos os pontos estavam sendo alinhados. Locação do espaço, projeto de decoração, ingressos vendidos, patrocínio, protocolos de segurança, contrato fechado, pagamento de cachê efetuado. Apenas uma coisa ainda faltava: a passagem aérea para que Belfort viesse de Los Angeles ao Brasil.

Marcus dormia e acordava pensando nisso. Ele carregava essa ansiedade ao buscar as filhas na creche, ao assistir uma série ou durante as refeições. Nos pequenos cochilos tirados no sofá, ele acordava assustado com medo de que Jordan não chegasse a Gramado. A pendência se estendia também aos integrantes da Summit, que tentavam constantemente contato com a assessoria do palestrante internacional.

"É MELHOR TER 1% DE UMA EMPRESA BEM-SUCEDIDA DO QUE 100% DE UMA IDEIA NA GAVETA. POR ISSO, NÃO TENHA MEDO DE CONTAR SUAS IDEIAS, POIS VOCÊ PODE ENCONTRAR PESSOAS QUE COMPARTILHEM DOS MESMOS SONHOS E OBJETIVOS E QUE POSSAM SOMAR A SUA JORNADA."

MANUELA BORDASCH

– Gente, não sei mais o que fazer. Eles só enrolam essa emissão da passagem.

– Sim, meu... Estamos há meses tentando resolver isso.

– Será que se a gente mandar um vídeo chorando de desespero eles se comovem com a nossa causa?

– Espero que sim, porque tô morrendo de medo do valor que esse aéreo de última hora vai ter.

Enquanto uma parte do time tentava contato com Belfort para agilizar o processo, os demais buscavam agências de viagem que pudessem fazer a emissão pelo Brasil. As soluções encontradas pela equipe da Summit não foram aceitas pela assessoria do palestrante. A exigência era que a passagem fosse escolhida por eles e emitida internacionalmente. Ou seja, a Gramado Summit estava de mãos atadas.

Faltavam menos de 72 horas para o evento acontecer e a bendita passagem ainda não havia sido comprada. O maior medo da equipe se concretizou quando os bilhetes foram finalmente adquiridos pela assessoria do Lobo: o valor era estratosférico. Especialmente se comparado com a realidade do caixa da Gramado Summit.

Qual é a chance de uma passagem internacional de primeira classe emitida a 72 horas ser barata? Isto mesmo: nenhuma.

Sabe o que era pior? A Gramado Summit precisava transferir o valor integral a Jordan Belfort até o dia seguinte para garantir sua vinda. Não bastavam as burocracias para enviar recursos internacionalmente, havia também o empecilho de conseguir o montante financeiro – em dólar – em apenas um dia.

A essa altura, Marcus não tinha mais unhas e sobrevivia à base de Red Bull e Tylenol Sinus. Atualizava a cada dois minutos o aplicativo do banco, na esperança de ver a transferência realizada.

Depois de cochilar assistindo *Friends*, Marcus acordou e – por sorte ou milagre – o dinheiro havia sido depositado na conta de Jordan.

Pensou em transmitir a notícia ao time, mas a onda de sossego e alívio foi tão grande que ele só conseguiu virar para o lado e dormir. Dormir um sono profundo que ele não experimentava havia meses. Em cerca de 48 horas, ele teria um evento histórico para comandar.

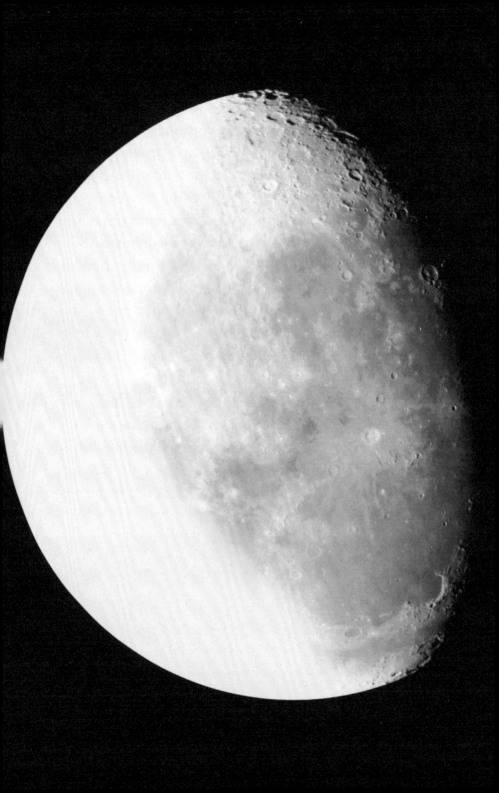

"2021 INAUGURA A DÉCADA DAS REAL SKILLS OU COMPETÊNCIAS HÍBRIDAS. PORQUE SER SÓ 'TÉCNICO' OU SÓ 'COMPORTAMENTAL' É COISA DO PASSADO. COLABORADORES HÍBRIDOS SÃO MAIS PERCEPTIVOS, CARISMÁTICOS, INSPIRADOS, MOTIVADOS E COM SEDE DE PROTAGONISMO. HABILIDADES SÃO ATITUDES E A CULTURA VAI SEGUIR JANTANDO A ESTRATÉGIA. MUDAR, CONTUDO, VAI EXIGIR UM NOVO CHIP, UM NOVO PADRÃO PESSOAL. VOCÊ ESTÁ DISPOSTO A IMPLANTÁ-LO?"

MARC TAWIL

O QUE FAZER COM A TAL DA CONCORRÊNCIA

Antes mesmo de levantar da cama para escovar os dentes, uma etapa da rotina de Marcus precisava ser feita para o dia começar: checar as redes sociais. Ao abrir o Instagram, a caixa de mensagens estava cheia.

"Parabéns pela iniciativa, adoro eventos on-line."

"Não sabia que você teria um evento de graça também."

Ainda com os olhos entreabertos de uma noite maldormida, Marcus não entendeu o que estava lendo. Releu todas as mensagens mais uma vez e, por alguns segundos, pensou estar em um universo paralelo da série *Dark* ou em um mundo invertido de *Stranger Things*, em que não sabia ao certo sobre os acontecimentos que se passavam.

Quem dera fosse uma outra realidade. Mas a verdade é que se tratava de mais uma enorme bomba a cair sobre seu colo.

O evento com o Lobo de Wall Street que estava planejado havia praticamente um ano estava sendo copiado, tanto em termos de curadoria de conteúdo, quanto em identidade visual. Isso mesmo. O Lobo de Wall Street daria uma palestra no Brasil, um dia após o evento organizado pela Gramado Summit. O problema: seria de graça. Exatamente isto: enquanto a Gramado Summit pagava US$ 100 mil dólares mais passagens nível "príncipe dos Emirados Árabes", o Lobo – bom, certamente ele não tinha esse apelido à toa – tinha outro evento marcado sem combinar.

Confusão, raiva, angústia, medo e insegurança. Todos esses sentimentos passavam pela cabeça de Marcus simultaneamente. Eram tantas possibilidades de impactos negativos para a Gramado Summit que ele mal sabia qual resolver primeiro.

Como sabia que dez cabeças pensam melhor do que apenas uma, partiu para o escritório para uma reunião emergencial. O time reunido tentava elencar qual era o fogo mais urgente a ser apagado – isso quando não estavam sendo interrompidos por inúmeras ligações de clientes que já haviam comprado os ingressos para o evento realizado pela Gramado Summit.

Então, o que era pior? A cópia praticamente idêntica da identidade visual da Gramado Summit? O contrato de exclusividade com o Lobo de Wall Street? Os impactos negativos na venda de ingressos para a imersão com Jordan Belfort?

O cenário era de caos, e o pior de tudo era que o evento organizado pela Summit estava a um mês de acontecer.

Mas o que fazer com a tal da concorrência?

Felizmente, a Gramado Summit já tinha experiência em lidar com concorrentes. Cerca de um ano antes, um evento do mesmo segmento tentou trazer sua sede para Gramado. Meses depois, outro evento de inovação, fora do Rio Grande do Sul, lançou sua primeira edição com imagens e vídeos de arquivos da própria Gramado Summit.

No entanto, todas essas ocasiões tinham algo em comum. Apesar de cópias e concorrências serem desafiadoras, essas situações mostraram o potencial dos produtos e serviços oferecidos pela Summit.

Por outro lado, todos os acontecimentos levaram a medidas judiciais cabíveis – mas sobre isso não vamos falar aqui, pois assuntos jurídicos só são legais quando contados em séries como *Suits* ou *How To Get Away With Murder*.

SE BEBER, NÃO CONVIDE O LOBO

(OU O FIM DESSA HISTÓRIA)

Compras para o camarim do Lobo:

- Sanduíches
- Suco de maçã e de laranja
- Água
- Café
- Sushi
- 20 Red Bulls

    Organizar eventos envolve pensar em pequenos detalhes. Para o sucesso absoluto, é preciso pessoas que cuidem das menores tarefas possíveis. Para a vinda do Lobo de Wall Street a Gramado não era diferente.

    Como se tratava de uma personalidade internacional, o time teve o cuidado de causar uma boa impressão. Queria que tudo estivesse o mais perto da perfeição possível.

    A lista de exigências do camarim de Jordan chegou, e a equipe prontamente providenciou os itens.

– Gente, estamos aqui no mercado fazendo as compras do Lobo. O moço disse que não tem energético unitário aqui.

– Putz, compra um fardo, então.

– Beleza, mas vai dar uns 30 Red Bulls no total. Como ele pediu 20, o que sobrar a gente toma no escritório depois, né?

– Sim, com certeza. Quem vai tomar 20 energéticos em menos de 24 horas?

Depois de comprados, todos os itens foram delicadamente dispostos no camarim organizado para receber o Lobo de Wall Street no dia seguinte.

Quando o palestrante gringo finalmente chegou, a agenda foi extensa e apertada. Logo na primeira hora da manhã, havia sido marcada uma coletiva de imprensa com Jordan. Em apenas uma hora de entrevista, o palestrante bebeu cinco Red Bulls.

Durante o tempo em que Jordan deu seu curso, o esperado aconteceu. O sushi sequer foi tocado, mas não sobrou Red Bull.

– Meu, tu tá vendo isso?

– O cara é uma bomba.

– Isso o filme não mostra, né?

No meio de tantos imprevistos e tantas desgraças, a equipe da Gramado Summit, depois de alguns anos, estava naquele evento celebrando não o fracasso, como Marcus havia feito lá em Dublin com uma Guinness, mas o sucesso. Não tinha cerveja, não tinha bebida nenhuma, nem Red Bull. Era um brinde a seco mesmo, mas muito divertido. Com tudo o que aconteceu, a Gramado Summit brindava, finalmente, ao sucesso.

Depois de quase quebrar e se reinventar do dia para a noite, a Gramado Summit havia sobrevivido, de alguma forma se fortalecido e estava pronta para os próximos desafios. Tinha uma nova história para ser escrita nos anos que viriam. O Lobo não havia deixado nenhuma gota de Red Bull e, basicamente, tinha limpado o cofre da Gramado Summit, para fazer jus à sua fama de bom negociador. Mas todo mundo ali estava rindo, mesmo assim. E não era mais de nervoso, como de costume. Era porque, no fim, tinha dado tudo certo.

Bônus!

COISAS QUE A GRAMADO SUMMIT NOS ENSINOU PARA DRIBLAR OS IMPREVISTOS

Vamos lá!

Escutar o público – de nada adianta seu projeto ser incrível se ninguém vai consumi-lo. Não vale de nada pensar uma ideia na sua cabeça, mas não estar preparado para receber críticas construtivas.

Valorizar o networking – conhecer pessoas e ouvir o que elas têm a dizer é um dos mais valiosos ativos. Busque conexões e lembre-se de que toda conversa, por menor que seja, é valiosa.

Entenda a concorrência – estude o mercado, acompanhe as mudanças do seu setor e esteja preparado para criar constantes diferenciais diante dos concorrentes.

Tenha planejamento – esteja sempre preparado para adversidades. Ter um negócio de sucesso requer a percepção de diferentes cenários.

Não é possível prever tudo – não enlouqueça, nem tudo pode ser previsto. É preciso entender que canos estouram, vírus aparecem e as pernas se quebram.

Pense bem antes de tomar grandes decisões – isso também diz muito sobre planejamento. Uma ideia pode parecer muito boa na nossa cabeça. Isso nos deixa empolgados e acabamos esquecendo de prever as consequências.

Mantenha o propósito alinhado – mesmo em tempos difíceis, não esqueça os motivos que o fazem acreditar nas suas ideias e projetos.

O diálogo é fundamental – a conversa é sempre o melhor caminho. Nada se constrói sozinho, por isso, priorize um bom relacionamento com seu time, com seus parceiros, com seus clientes e com seus fornecedores.

Dias ruins sempre irão existir – e está tudo bem. Tem dias que todos os projetos saem facilmente do papel. Em outros, tudo dá errado. O importante é o resultado final.

Saiba se adaptar – mesmo quando as coisas não acontecerem de acordo com o seu planejamento, você não pode desistir. Às vezes, é necessário deixar algumas convicções de lado e saber se adaptar ao momento.

"NÃO É O DIGITAL QUE VAI MATAR O TRADICIONAL, MAS SIM A FORMA ANTIGA DE PENSAR E FAZER QUE VAI."

RAFAEL MARTINS

"O TEMPO É O NOSSO MAIOR ATIVO: QUANTO MAIS CEDO CONSEGUIRMOS ADMINISTRÁ-LO DE FORMA EQUILIBRADA NAS QUESTÕES PROFISSIONAIS, PESSOAIS E AFETIVAS, MAIORES SERÃO AS CHANCES DE SUCESSO NO NOSSO PROJETO EMPRESARIAL."

NELSON SIROTSKY

**COMPRE UM
·LIVRO·**
doe um livro

Sua compra tem
um propósito.

Saiba mais em
www.belasletras.com.br/compre-um-doe-um

Este livro foi composto em Gotham e impresso em pólen soft 90 g pela gráfica Pallotti, em fevereiro de 2021.